Inhalt

Phishing (Password harvesting fishing)

Kernthesen

Beitrag

Fallbeispiele

Weiterführende Literatur

Impressum

GENIOS WirtschaftsWissen Nr. 10/2004 vom 04.10.2004

Phishing (Password harvesting fishing)

M. Westphal

Kernthesen

- Das E-Mail-System droht durch das zunehmende Aufkommen von Spam, Phishing und Viren zu kollabieren.
- Phishing zielt auf die Gewinnung von fremden Passwörtern, PINs und anderen sicherheitsrelevanten Daten ab und bedient sich immer ausgefeilterer Methoden.
- Inzwischen sind auch deutsche Kreditinstitute von diesen Phishing-Attacken betroffen und Kunden sind im Falle eines Falles für Schäden haftbar.
- Verschiedene Zusammenschlüsse von gefährdeten Unternehmen und Aktivitäten von auf die Phishing-Abwehr spezialisierten

Unternehmen, versuchen, dieses Problem in den Griff zu bekommen.

Beitrag

Das E-Mail-System droht durch das zunehmende Aufkommen von Spam, Phishing und Viren zu kollabieren

Inzwischen ist Phishing (als Kunstwort gebildet aus Password Fishing) weit verbreitet. Hierbei versuchen Betrüger, mit täuschend echt nachgemachten E-Mails und Web-Seiten an Kreditkartennummern, Bankverbindungsdaten sowie eBay- und PayPal-Konten leichtfertiger Internet-Nutzer heranzukommen. (1)
Die Nutzer werden via E-Mail auf scheinbar offizielle Web-Seiten gelockt, um ihre persönlichen Nutzerdaten und Kontoinformationen preiszugeben. Das Phänomen des Phishing hat sich in den letzten Monaten zu einer wahren Epidemie entwickelt. Das Problem ist sehr groß und keiner ist wirklich immun dagegen. (2)
Das Aufkommen von Spam, Phishing und Viren droht

das E-Mail-System kollabieren zu lassen. So sehen Computer-Experten das bisherige E-Mail-System vor dem Aus. Inzwischen sind mehr als die Hälfte aller durchs Internet verschickten Nachrichten Müll, viele davon illegal. Darunter leidet auch das Vertrauen in das Kommunikationsmittel E-Mail. (3)

Phishing zielt auf die Gewinnung von fremden Passwörtern, PINs und anderen sicherheitsrelevanten Daten ab und bedient sich immer ausgefeilterer Methoden

Bisher wurden die Versuche von Betrügern, Internet-Nutzer zur Herausgabe ihrer Passwörter zu bewegen, von Sicherheitsexperten nur belächelt. Dieses als Phishing bezeichnete Vorgehen rangierte bei Profis unter der Kategorie Wer drauf reinfällt ist selber schuld. Die E-Mails waren einfach zu plump formuliert und die von den Betrügern angewandten technischen Tricks waren sowieso auf den ersten Blick zu erkennen. (4)
Inzwischen werden Phisher aber immer raffinierter, da sie gezielt Sicherheitslücken in Server- und Client-Software nutzen, so dass den Anwendern bald das

Lachen im Halse stecken bleiben könnte. (4)
Überall wo der Anwender auf Web-Seiten Eingaben machen kann, lauern Gefahren. Von Seiten vieler Web-Entwickler wird nicht ausreichend geprüft, inwieweit diese Eingaben auch HTML- oder Script-Code enthalten. Sollte der Web-Server dann auf der Antwortseite diese Eingabe präsentieren, kann ein Angreifer die Seite nach seinem Gusto umgestalten. Dieses Problem ist unter dem Fachbegriff Cross-Site-Scripting (CSS) bekannt und sehr verbreitet. So lassen sich z. B. die Auftritte von MasterCard, Barclaycard und WorldPay über CSS für Phishing missbrauchen. (4)
Bisher haben aber, soweit bekannt, noch keine Phisher-Attacken, die auf CSS oder Code-Injection-Lücken basieren stattgefunden. Diese Methoden sind zurzeit noch zu ineffizient, weil sie zuviel Programmieraufwand erfordern. (4)
Das Problem der Verwundbarkeit von Web-Seiten wird dadurch verschärft, dass Entwickler häufig Seiten schnell mal so hinprogrammieren, ohne sich der Sicherheitslücken bewusst zu sein. Häufig werden Seiten auch nicht von professionellen IT-Experten erstellt, sondern von Studenten, Praktikanten oder gar Schülern. (4)

Sofern ein Phisher über die URL Script-Code einschleusen kann, muss er gar nicht unbedingt Passwörter oder PINs abfangen. Das Script übermittelt ihm einfach das Cookie mit der Session-ID, wodurch der Angreifer die authentifizierte Verbindung direkt übernehmen kann. (4)

Helfen kann gegen viele Phishing-Attacken nur das Deaktivieren des JavaScripts im verwendeten Browser. Aber selbst das ausgeklügelteste Sicherheitskonzept und die beste Sicherheitssoftware können nicht die Fehler der Benutzer ausbügeln. (1)

Inzwischen sind auch deutsche Kreditinstitute von diesen Phishing-Attacken betroffen und Kunden sind im Falle eines Falles für Schäden haftbar

Phishing wird sich sehr bald für Kreditinstitute zu einem ähnlichen Problem wie der E-Mail-Spam für das Internet entwickeln. Im Internet gibt es inzwischen ganze Baukästen, die es sogar dem Laien ermöglichen, auf Beutezug gehen zu können. (5) Die Anzahl von Phishing-Attacken steigt derzeit rapide an, offenbar wird das Ausspähen von Nutzerdaten effektiver und lohnender.

Viele deutsche Banken nutzen bei ihren Seiten immer noch Frames, um ihre Webseiten zu gestalten. Und das, obwohl schon seit sechs Jahren bekannt ist, dass sich durch Sicherheitslücken aller Browser einzelne Frames überschreiben lassen. So ist es einem Betrüger möglich, selbst gesicherte https-Seiten zu manipulieren und eigene Inhalte einzuschleusen. (4)

Im Falle der Eingabe von Geheimzahlen und ähnlichen sicherheitsrelevanten Daten auf erkennbar gefälschten Bank-Websites, haftet der Kunde im Falle eines "Leerräumen des Kontos" genauso wie derjenige, der seine PIN-Nummer auf die EC-Karte schreibt. Zwar sind bislang in Deutschland keine Verluste im Zuge von Netzattacken bekannt, aber Verbraucherschützer wie auch Banken mahnen zur Vorsicht. Der Umgang mit PIN- und TAN-Nummern ist in den Allgemeinen Geschäftsbedingungen der Banken geregelt, so hat der Kunde dafür Sorge zu tragen, dass kein Anderer Kenntnis von diesen Informationen erlangt.
Allerdings ist Phishing und seine Folgen hierzulande noch juristisches Neuland, so dass im Einzelfall geprüft werden muss, inwieweit der Kunde oder aber das Kreditinstitut für den Missbrauch verantwortlich ist. (6)

Verschiedene Zusammenschlüsse von gefährdeten Unternehmen und Aktivitäten von auf die Phishing-Abwehr spezialisierten Unternehmen, versuchen, dieses Problem in den Griff zu bekommen

Internet-Experten durchsuchen das Internet nach neu angemeldeten Internet-Domains, die ähnlich klingen wie die Internetadresse seriöser deutscher Firmen. Ebenso grasen Programme die Foren der Hacker-Szene ab. Sämtliche Informationen werden von einer Software ausgewertet. Ziel dieser Aktivitäten ist, das Geschäftsmodell der Hacker frühzeitig zu stören. Die Aktivitäten der Phisher werden im Vorhinein beobachtet, indem man sich auf ihre Rechner schleicht. Was für Computer-Experten in diesem Umfeld bereits möglich ist, wissen viele der Phisher nicht. Leider sperrt aber kein Provider eine Domain auf einen bloßen Verdacht hin, deshalb müssen zunächst durch das Ausspionieren genügend Indizien gewonnen werden, um dann Polizei und Provider zu informieren. So ist es inzwischen schon in drei Fällen gelungen, einen geplanten Phishzug zu vereiteln. (7)

Trotz der vielen Phishing-Attacken gerade in den USA hat bisher noch kein Bankkunde Geld verloren. Dieses ist dem schnellen Eingreifen professioneller, auf die Abwehr von Phishing-Attacken spezialisierter Netzbeobachter zu verdanken. Zwar haben es Ganoven schon in etwa 40 Fällen geschafft, die Zugangsdaten von Bankkunden herunterzuladen und anschließend eine Geldüberweisung auszulösen. Die Beträge reichen hierbei von einigen tausend bis hinzu 50 000 Euro. Aber sogar im Falle von zwei Zahlungen, die schon auf osteuropäischen Konten gutgeschrieben waren, konnten diese noch in letzter Minute gestoppt werden. (5)

Maßnahmen gegen das Phishing sind insbesondere im Zusammenschluss von großen IT- und Internet-Firmen wie Microsoft und Yahoo und 8 von 10 der größten US-Banken zu erkennen, die sich in der Anti-Phishing-Working-Group (APWG) zusammengeschlossen haben. Ebenso suchen Großunternehmen im Trusted Electronic Communications Forum (TECF) nach praktikablen Lösungen, sich dieser Attacken zu erwehren.
Zu den Gründungsmitgliedern des TECF gehören Industrie-Schwergewichte wie IBM, AT&T Wireless, Fidelity Investments, Siebel Systems und viele andere. Sie wollen technische Standards zur Bekämpfung des Phishings entwickeln und verbreiten. (2)

Fallbeispiele

Mitte Juli wurde eine ominöse E-Mail an eBay-Nutzer gesandt, mit der Aufforderung, seine Zugangsdaten wegen einer angeblichen Störung auf einer gefälschten eBay-Login-Seite zu hinterlegen. Aufgrund des eher rustikalen Deutsch dieser Mail hat diese Attacke keine Wirkung erzielt. Wäre eine sprachlich korrekte Formulierung verwandt worden und der Text nicht nur durch einen Automaten ins Deutsche übersetzt worden, hätte er vielleicht mehr Erfolg gehabt. (4)

Inzwischen tauchen aber auch Mails in tadellosem Deutsch auf, die den Kunden auch subtil unter Druck setzen. So forderte Ende Juli eine E-Mail mit der Absenderadresse kundeninformation@vr-bankengruppe.de Onlinebanking-Kunden der Volks- und Raiffeisenbanken dazu auf, nach dem vergangenen Software-Update, noch einige Kundendaten nachzutragen. Klickte man auf den Link der Mail, erschien ein angebliches Login-Fenster der Online-Bank. Das Fenster blendete statt der Statusleiste eine Grafik mit Schlosssymbol (im Hintergrund von einem Java-Script aktiviert) für gesicherte Verbindungen ein, im Hintergrund erschien die echte Seite der Volks- und Raiffeisenbanken. Sofern arglose Kunden hier ihre Login-Daten preisgaben, landeten diese auf der sorgfältig nachgebauten Banking-Site, die auf dem Server eines US-amerikanischen Providers lagerte. (4)

Zwar versichern insbesondere Geldinstitute (so auch eine Versicherung des Sprechers des Bundesverbandes deutscher Banken), dass sie nie per E-Mail nach vertraulichen Daten fragen würden, trotzdem informiert z. B. die comdirect-Bank ihre Kunden regelmäßig über den Eingang neuer Kontoauszüge per E-Mail. Sofern man auf das Dokument zugreifen möchte, muss man sich unter einer angegebenen Web-Adresse mit PIN und Zugangsnummer einloggen. Zwar führt dieser Link wirklich auf eine Seite der comdirect-Bank, aber wie soll ein Kunde da noch zwischen echten und gefälschten Mails unterscheiden? (4)

Ende Juli wurde unter eBay ein Porsche Cayenne angeboten. Klickte der Nutzer auf die Artikelbeschreibung, wurde er auf eine Seite weitegeleitet, die zwar in der Adressleiste immer noch die eBay-URL zeigte, den Nutzer aber zur Anmeldung aufforderte. Das Anmeldeformular sendete die Daten dann weiter an 1eboy.com. Ebenso forderte die Seite zum Update der Kreditkarteninformationen auf, die

echte eBay-URL war immer noch eingeblendet. Der Verkäufer hatte in seiner Angebotsseite einige Skriptbefehle eingebettet!
Auf die Frage, warum eBay solche Java-Script-Befehle in den Artikelbeschreibungen zulasse, wurde nur geantwortet, dass diese eben den Verkäufern nützten, ihre Ware besser zu präsentieren. Der Nutzer könne doch die kostenlose eBay-Toolbar installieren, die sofort Alarm schlage, sobald der Browser des Nutzers das Angebot von eBay verlasse. Diese Toolbar allerdings gibt es nur für den Internet Explorer! (4)

Opera hat seinen Browser mit der Versionsnummer 7.52 zum Download bereitgestellt und behebt mit diesem Release im Wesentlichen zwei Sicherheitslücken. Eine Verbesserung behebt das bei diversen Browsern bekannte Problem, dass Angreifer Frames manipulieren und damit u. a. Inhalte von Online-Banking-Seiten manipulieren können. Die kürzlich nachgeschobene Version 7.53 soll dieses Problem gänzlich beheben, die in der Adresszeile angezeigte Adresse lässt sich nicht mehr fälschen. (8)

Die Postbank hat im Juli auf die verstärkten Phishing-Attacken reagiert und setzt keine Frames mehr ein. Darüber hinaus erhalten ihre Kunden beim Betreten der Seite in einem Pop-Up-Fenster deutliche Sicherheitshinweise für das Online-Banking.

MasterCard hat angekündigt, zusammen mit der Firma NameProtect gezielt Phisher zu jagen. Das Internet wird gezielt rund um die Uhr nach verdächtigen Betrugs-E-Mails durchsucht. Ebenso sucht man nach typischen Mustern, die von Betrügern genutzt werden auf Internet-Seiten und in Spam-E-Mails. So konnten schon im Testbetrieb 74 verdächtige Internet-Seiten und 24 Online-Schwarzmärkte für Kartendaten identifiziert werden.

Weiterführende Literatur

(1) Sicherheit Administratorrechte unter Windows
aus c't - Magazin für Computertechnik, 15/2004, S. 106

(2) Forum gegründet Gemeinsam gegen Phisher
aus Computerwoche, 18.06.2004, Nr. 25, S. 6

(3) E-Mail-System könnte unbrauchbar werden
aus netzeitung.de vom 05.09.2004

(4) Passwort-Diebstahl im Web wird raffinierter
aus c't - Magazin für Computertechnik, 17/2004, S. 178

(5) Raubzug im Netz
aus Der Spiegel, 30.08.2004, Nr. 36, Seite 78

(6) Bei sorglosem Umgang mit der PIN-Nummer droht Haftung

aus Darmstädter Echo, 27.08.2004

(7) Lang, Michael, Phisher im Netz, ein Computer-Experte jagt Internetverbrecher, die Bankkonten plündern wollen, Süddeutsche Zeitung, 31.08.2004, Ausgabe Deutschland, S. 10
aus Darmstädter Echo, 27.08.2004

(8) O. V., Aktuell / Sicherheit, Opera mit Phishing-Sperre, c't Magazin für Computertechnik, 16/2004, S. 40
aus Darmstädter Echo, 27.08.2004

Impressum

Phishing (Password harvesting fishing)

Bibliografische Information der deutschen Nationalbibliothek

Die Deutsche Nationalbibliothek verzeichnet diese Publikation in der deutschen Nationalbibliografie; detaillierte bibliografische Daten sind im Internet über http://dnb.d-nb.de abrufbar.

ISBN: 978-3-7379-0297-7

© 2015 GBI-Genios Deutsche Wirtschaftsdatenbank GmbH, Freischützstraße 96, 81927 München, www.genios.de

Alle Rechte vorbehalten. Dieses Werk ist einschließlich aller seiner Teile – z.B. Texte, Tabellen und Grafiken - urheberrechtlich geschützt. Jede Verwertung außerhalb der Grenzen des Urheberrechtsgesetzes bedarf der vorherigen Zustimmung des Verlags. Dies gilt insbesondere auch für auszugsweise Nachdrucke, fotomechanische Vervielfältigungen (Fotokopie/Mikroskopie), Übersetzungen, Auswertungen durch Datenbanken oder ähnliche Einrichtungen und die Einspeicherung und Verarbeitung in elektronischen Systemen.